江苏省地方标准

沥青路面就地热再生施工技术规范

Technical Specification for Hot In-place Recycling Construction of Asphalt Pavement

DB32/T 3134—2016

主编单位：江苏高速公路工程养护有限公司
批准部门：江苏省质量技术监督局
实施日期：2016年11月20日

人民交通出版社股份有限公司

图书在版编目(CIP)数据

沥青路面就地热再生施工技术规范 : DB32/T 3134—2016 / 江苏高速公路工程养护有限公司主编. —北京 : 人民交通出版社股份有限公司, 2017.3

ISBN 978-7-114-13729-7

Ⅰ.①沥… Ⅱ.①江… Ⅲ.①沥青路面-再生路面-路面施工-技术规范 Ⅳ.①U416.217-65

中国版本图书馆CIP数据核字(2017)第053538号

标准类型: 江苏省地方标准
标准名称: 沥青路面就地热再生施工技术规范
标准编号: DB32/T 3134—2016
主编单位: 江苏高速公路工程养护有限公司
责任编辑: 李 农
出版发行: 人民交通出版社股份有限公司
地 址: (100011)北京市朝阳区安定门外外馆斜街3号
网 址: http://www.ccpress.com.cn
销售电话: (010)59757973
总 经 销: 人民交通出版社股份有限公司发行部
经 销: 各地新华书店
印 刷: 北京市密东印刷有限公司
开 本: 880×1230 1/16
印 张: 1.75
字 数: 44千
版 次: 2017年3月 第1版
印 次: 2017年3月 第1次印刷
书 号: ISBN 978-7-114-13729-7
定 价: 20.00元

中华人民共和国地方标准

备 案 公 告

2017 年第 2 号(总第 206 号)

国家标准化管理委员会依法备案地方标准 362 项,现予以公告(见附件)。

国家标准委
2017 年 3 月 3 日

附件(节选)

序号	备案号	地方标准编号	地方标准名称	代替标准号	批准日期	实施日期	标准主管部门
202	52384—2017	DB32/T 3134—2016	沥青路面就地热再生施工技术规范	/	2016-09-20	2016-11-20	江苏省质量技术监督局

目　次

前　言

本规范按照 GB/T 1.1—2009《标准化工作导则　第1部分:标准的结构和编写规则》、GB/T 1.2—2009《标准化工作导则　第2部分:标准中规范性技术要素内容的确定方法》给出的规则编写。

本规范由江苏省交通运输厅提出并归口。

本规范附录C、附录D、附录E为规范性附录,附录A、附录B、附录F为资料性附录。

本规范起草单位:江苏高速公路工程养护有限公司、东南大学、英达热再生有限公司、江苏现代路桥有限责任公司、江苏现代工程检测有限公司、江苏省沥青路面热再生工程技术研究中心、同济—英达道路再生工程技术研究中心。

本规范主要起草人:赵永利、吴赞平、江瑞龄、马涛、黄晓明、陈石、宋江春、季明星、符适、孟令国、祝争艳、李向阳、杨晓乾、佘兆宇、胡健、段宝东、施伟斌、张义甫、戴合理、李严、雷涛、卢士和、杨盼盼、张素青、练慧、朱伟、朱建华、龙钧、陈敏。

沥青路面就地热再生施工技术规范

1 范围

本规范规定了沥青路面就地热再生配合比设计、施工技术和验收标准。

2 规范性引用文件

下列文件对于本文件的应用是必不可少的。凡是注日期的引用文件,仅注日期的版本适用于本文件。凡是不注日期的引用文件,其最新版本(包括所有的修改单)适用于本文件。

JTG E20 公路工程沥青及沥青混合料试验规程

JTG E42 公路工程集料试验规程

JTG H30 公路养护安全作业规程

JTG F40 公路沥青路面施工技术规范

JTG F41 公路沥青路面再生技术规范

3 术语和定义

3.1

沥青混合料回收料 reclaimed asphalt pavement (RAP)

采用铣刨、开挖等方式从沥青路面上获得的旧沥青混合料。

3.2

沥青路面再生 asphalt pavement recycling

采用沥青路面再生设备对旧沥青路面或者沥青混合料回收料、基层回收料进行处理,并掺加一定比例的新集料、再生结合料、沥青再生剂等形成路面结构层的技术。沥青路面再生包括厂拌热再生、就地热再生、厂拌冷再生、就地冷再生等技术。

3.3

就地热再生 hot in-place recycling

采用就地热再生设备对沥青路面进行加热、翻松,就地掺入一定数量的新沥青、新沥青混合料、再生剂等,经热态拌和、摊铺、碾压等工序,一次性实现对路表一定深度范围内的旧沥青路面再生的技术。它可以分为整形再生、复拌再生和加铺再生三种。

3.4

整形再生 surface recycling

将旧沥青路面加热、翻松,就地掺加一定数量的再生剂,经热态拌和、摊铺、压实成型。

3.5

复拌再生 remixrecycling

将旧沥青路面加热、翻松,就地掺加一定数量的再生剂、新沥青、新沥青混合料,经热态拌和、摊铺、压实成型。

3.6

加铺再生 repave recycling

在整形再生、复拌再生的基础上，再加铺一层新沥青混合料，两层一起压实成型。加铺再生又可分为整形加铺再生和复拌加铺再生。

3.7

沥青再生剂　rejuvenating agent

掺加到原路面沥青混合料中，用于恢复已老化沥青性能的添加剂。

3.8

再生沥青　rejuvenating binder

RAP 中沥青与新添加的沥青、沥青再生剂组成的胶结料。

3.9

再生沥青混合料　recycled asphalt mixture

含有沥青混合料回收料的沥青混合料。

3.10

沥青混合料回收料（RAP）矿料级配　gradation of aggregate in RAP

用抽提法或者燃烧法除去沥青混合料回收料（RAP）中的沥青胶结料后得到的矿料级配。

3.11

再生沥青混合料级配　gradation of recycled mixture

沥青混合料回收料（RAP）矿料级配与新矿料级配的合成级配。

3.12

新沥青混合料掺配比　percentage of new asphalt mixture in recycled mixture

新沥青混合料质量占再生沥青混合料总质量的百分比。

3.13

旧沥青　asphalt in RAP

也称作回收沥青，指沥青混合料回收料（RAP）中所含有的沥青胶结料。

3.14

旧沥青含量　asphalt content of RAP

旧沥青胶结料占烘干后沥青混合料回收料（RAP）总质量的百分比。

3.15

旧矿料　aggregate in RAP

用抽提法或者燃烧法除去沥青混合料回收料（RAP）中的沥青胶结料后得到的矿料。

3.16

最可几段落　most probable section

在整个调查路段中最具有代表性的段落，该段落的性能参数测试结果在整个调查路段中各段落性能参数测试结果的分布中出现的概率最大。

3.17

就地热再生有效厚度　effective thickness of hot in-place recycling

就地热再生过程中，原路面材料经加热、翻松，并与新料、再生剂等拌和，经充分压实后的厚度，即有效参与再生过程的压实路面厚度。

3.18

车辙隆起高度　upliftedheight of rutting

沥青路面车辙隆起处超过原路面的高度值。

3.19

热黏结　thermal bonding

通过加热,使原路面的沥青层与就地热再生沥青层黏结时处于热态,以保证层间黏结状态。

3.20

间歇式加热　intermittent heating

两次加热之间具有间隔的加热方式。

3.21

施工分项段落　subsection of construction

在同一个就地热再生工程中,由于就地热再生的再生混合料配合比设计以及施工工艺不同,而出现的不同段落。同一个施工分项段落中,采用相同的配合比和施工工艺。

4　符号及代号

本规范各种符号、代号以及意义详见表1。

表1　符号及代号

编　　号	符号或代号	意　　义
4.1	RAP	沥青混合料回收料
4.2	*SRI*	抗滑性能指数
4.3	*RDI*	车辙深度指数
4.4	*RQI*	行驶质量指数
4.5	*PCI*	路面状况指数
4.6	*PSSI*	路面结构强度指数
4.7	*PSR*	现时服务性能指数
4.8	RTFOT	沥青旋转薄膜加热试验

5　就地热再生技术适用条件

5.1　一般规定

5.1.1　就地热再生三种基本工艺各自有其适用性,应根据沥青路面的病害特点、成因、产生层位、当地气候、交通条件、病害治理目标、工程经济成本等,经过合理的方案比选后选择不同的工艺类型。

5.1.2　就地热再生技术主要适用于AC、AK型沥青混合料路面以及Superpave和SMA沥青路面。其他类型沥青混合料路面在经过技术方案论证后,也可以采用就地热再生技术,具体实施可参照本规范执行,但应经过充分的室内试验和试验路工程验证。

5.1.3　就地热再生技术适用于水泥混凝土桥梁的沥青铺装层的病害处治,但施工前需对具体方案进行必要的论证,施工中应加强对伸缩缝等的保护。

5.2　适用的路面破损形式

就地热再生技术主要适宜处理沥青路面表层病害,各种就地热再生工艺适用的路面破损类型见表2。

表2　就地热再生不同工艺适用的路面破损形式

路面破损形式	可选工艺		
	整形再生	复拌再生	加铺再生
车辙	★	★★★	★★
拥包、泛油	★	★★	★★★
磨光	★★★	★★★	★★★
平整度下降	★★	★★	★★★
渗水	★	★★	★★★
唧浆	★	★	★★
松散、剥落	★	★	★★★
注1：★★★表示很适合，★★表示一般，★表示适合度低。 **注2**：对表中未列入的路面病害，可根据对病害成因、程度的分析有针对性地选用。			

5.3　其他影响因素

就地热再生在具体实施过程中，还会受到一些客观因素影响，见表3。

表3　就地热再生实施的其他影响因素

影响因素	详细内容
道路承载力	由于就地热再生设备重量较大，因此要求道路（特别是桥梁、涵洞）具有足够的承载能力，支撑就地热再生设备的运行
道路附属设施	对于城市道路，就地热再生施工时，应注意对窨井盖等存在于上面层的公共设施的保护，检查施工地点附近有无可燃性物质；同时对于道路两侧的植被，应进行必要的保护
净空	对于立交桥和地下通道等存在净高的道路，不仅要满足就地热再生设备也要满足新料拖运卡车的通行要求
施工区域	就地热再生施工将占用一个或超过一个车道的宽度，因此，当施工需要占用超过一个车道时，对于较窄的道路需解决来往车辆的交通组织问题
气候	就地热再生需要在现场加热旧沥青路面，因而容易受气候的影响，寒冷季节或大风天气一般不宜施工
降雨	雨水在路面中的残留，会明显降低就地热再生的加热效果，因此雨后应留出必要的时间，确保路面中残留水分的蒸发

6　就地热再生工程原路面调查

6.1　一般规定

6.1.1　在就地热再生技术运用前，应进行详细的原路面调查，收集基础数据以分析就地热再生技术的适用性，并为就地热再生材料和路面设计提供依据。

6.1.2　对就地热再生路面调查的内容主要包括历史资料调查、路面使用状况调查和路面材料性能调查：

1） 历史资料调查主要包括原道路的设计资料、施工资料和养护管理资料；

2） 路面使用状况调查主要包括道路结构性能调查、路面病害调查和路表功能调查；

3） 材料性能调查主要包括原路面各层沥青混合料的取样调查。

6.2 历史资料调查

6.2.1 在就地热再生技术运用前应收集和评价的信息包括设计资料、施工资料和养护资料。

6.2.2 设计资料的调查，宜包含初始设计过程中的所有信息，如交通状况、气候条件、路面结构和材料类型及设计数据等。

6.2.3 施工资料宜包含施工过程中的所有信息，如施工材料、施工工序控制、设计变更资料、竣工资料等。

6.2.4 养护管理资料的调查应包含养护历史以及近年的路况检测数据等。养护历史应详细包括各种养护的原因、时间、类型、位置、规模以及具体实施过程中采用的方法、材料类型、数量及应用范围等。

6.3 路面使用状况调查

6.3.1 对路面的结构强度进行检测和评定，并计算路面结构强度指数（*PSSI*）。路面结构强度宜采用自动检测设备检测，并结合人工调查评价路面结构层尤其是基层的完整状况。当路面结构强度不足时，不适宜进行就地热再生；或应进行必要的补强后再进行就地热再生。

6.3.2 路表功能调查主要包括路面平整度和抗滑性能，并计算路面行驶质量指数（*RQI*）和路面抗滑性能指数（*SRI*）。

6.3.3 路面病害的调查应对路面出现的各种病害进行全面的调查，对每种病害的具体类型、位置、范围和严重程度做详细的记录，并计算路面状况指数（*PCI*）、车辙深度指数（*RDI*）和路面使用性能指数（*PQI*）。路面病害调查宜采用自动化检测方法与人工检测方法相结合的方式，一方面便于后期的数据分析，另一方面便于分析病害产生的原因。

6.4 施工分项段落的划分

6.4.1 当就地热再生工程中的原路面出现表面层材料、路面性能、路面病害明显不同时，或出现再生路面的设计要求、施工条件、施工人员设备等明显不同时，应划分为不同的施工分项段落。

6.4.2 同一施工分项段落内，采用相同的再生沥青混合料配合比和施工工艺。

6.4.3 施工分项段落的划分除依据原路面的不同特点外，还应充分考虑到施工组织、交通管制、工期等因素，尽可能延长施工分项段落的长度，减少施工分项段落的数量，以利于施工组织。

6.4.4 同一施工分项段落可不连续，但距离和工期的间隔不宜过长。施工分项段落长度宜大于400m。

6.5 材料性能调查

6.5.1 应对每一个施工分项段落进行原路面材料的性能调查。

6.5.2 若路面病害主要存在于沥青路面表层，可只对沥青路面上面层材料进行性能调查；若路面病害如车辙等严重，则应根据实际情况对沥青路面的上面层以及中、下面层进行性能调查，必要时应扩展进行基层或路基材料的性能调查。

6.5.3 沥青路面材料的现场取料应包括取芯和取样两部分。为保障取料的代表性，应综合考虑施工段落的划分、取料的位置、试验工作量等因素，综合确定取料方案。当原路况调查数据较充分时，可按照本规范附录A所列方法，确定取芯取样位置。

6.5.4 取芯主要用于沥青混合料回收料（RAP）的性能测试，包括密度、空隙率、矿料间隙率、饱和度、马歇尔稳定度、流值等,必要时可进行浸水马歇尔残留稳定度、冻融劈裂残留强度比、动稳定度、模量、流变等性能的测试。

6.5.5 取样主要用于沥青混合料回收料(RAP)的油石比、级配、旧沥青性能、旧矿料性能的测试以及再生沥青混合料的配合比设计与性能检验,也可以用于沥青混合料回收料(RAP)的性能测试。取样时,宜采取加热、翻松、回收的方式,或采取整块挖除的方式,禁止采用冷铣刨、钻芯等改变沥青混合料回收料(RAP)矿料级配的方式进行;取样回收时,应采取分层回收,并严格控制回收深度,避免不同层位的沥青混合料相互混合。

6.5.6 可以采用抽提回收试验获得沥青混合料回收料的沥青含量、旧沥青和旧矿料。用于抽提回收试验的沥青混合料回收料(RAP)宜采用电风扇吹风至完全干燥,不宜采用烘箱加热烘干。

6.5.7 抽提回收获得的旧沥青,应进行针入度、软化点、延度等性能测试,对 SBS 改性沥青还可进行弹性恢复和测力延度的测试,需要时还可进行黏度、PG 分级等性能的测试。

6.5.8 抽提回收获得的旧矿料应进行级配的筛分测试,需要时还可进行洛杉矶磨耗值、压碎值、矿粉亲水性、密度、吸水率、黏附性等性能的测试。

6.5.9 旧路材料性能除了与原始设计、施工资料以及规范标准要求进行对比外,还可对硬路肩材料进行同样性能评价,以对比分析实际施工使用的路面材料,以及其经过长期使用后的变化情况。

7 就地热再生工程的原材料要求

7.1 一般规定

7.1.1 就地热再生材料主要有道路石油沥青、改性沥青、乳化沥青、各种规格的粗细集料、填料,以及用于改善再生沥青混合料性能的再生剂、改性剂、纤维等材料。

7.1.2 使用的各种材料施工前应进行必要的检验,评定合格后方可使用。

7.1.3 除就地热再生的特殊技术需要外,就地热再生材料技术要求应符合 JTG F40 的规定。材料试验应符合 JTG E20 和 JTG E42 的规定。

7.2 沥青

新沥青的种类和标号宜与原路面采用的沥青一致;也可采用针入度大一级的沥青,但对于原路面车辙较明显的路段,不宜采用。

7.3 矿料

矿料的岩性宜与原路面相同。

7.4 再生剂

7.4.1 再生剂应具有与老化沥青较好的相容性和一定的抗老化性能,以保证再生沥青与沥青混合料的耐久性。

7.4.2 再生剂的闪点应大于220℃。

7.4.3 在实际工程中选用再生剂时,除对再生剂本身的性能进行必要检验外,还应注重对再生沥青胶结料和再生沥青混合料的性能检验,以确定再生剂的实际使用效果和掺量。

7.4.4 在选择再生剂的种类和剂量时,不需要将老化沥青完全恢复到原样沥青的性能状态。针对原路面使用 70 号道路石油沥青和 SBS 改性沥青的就地热再生工程,在老化沥青中添加适量再生剂后,其指标宜满足表 4 和表 5 的要求。

表4　老化70号道路石油沥青添加再生剂后的指标要求

指　　标	软化点(℃)	25℃针入度(0.1mm)	15℃延度(cm)
要求	相比于老化沥青的软化点,添加再生剂后软化点下降不宜超过8℃	60～80*	≥30*
注*:从提高再生沥青高温性能角度考虑,可以根据工程实际情况将再生沥青针入度恢复至40～60(0.1mm)范围,相应的延度不低于20cm。			

表5　再生SBS改性沥青评价标准

指　　标	软化点(℃)	针入度(0.1mm)	5℃延度(cm)
要求	相比于老化沥青的软化点,添加再生剂后软化点下降不宜超过10℃	40～80*	≥20*
注*:从提高再生沥青高温性能角度考虑,可以根据工程实际情况将再生沥青针入度恢复至40～60(0.1mm)范围,相应的延度不低于15cm。			

7.4.5　再生剂应按照产品所规定的条件储存在室内,保持干燥,注意通风和防火,并按进库顺序使用,不应超过保质期。

7.5　其他添加剂

7.5.1　对于根据工程特点需要添加的纤维、抗剥落剂、抗车辙剂等添加剂材料,应符合JTG F40的有关规定。

7.5.2　添加剂材料的选择应综合施工可操作性、性能、工程成本以及运输、储存等多方面因素进行技术论证。

7.6　新添加沥青混合料

7.6.1　用于加铺的新沥青混合料应满足JTG F40的技术要求。

7.6.2　用于复拌的新添加混合料,应根据沥青混合料回收料(RAP)矿料级配,以及再生路面的性能要求,确定其级配组成,并检验再生混合料的性能;新添加沥青混合料其性能不符合JTG F40的有关规定时,如果再生沥青混合料质量符合JTG F40的有关规定,也可以使用。

7.6.3　用于复拌的新添加混合料的级配、油石比等的确定除需考虑再生混合料的性能要求外,还要考虑到施工可操作性、运输、储存等多方面因素。

8　就地热再生沥青混合料的配合比设计

8.1　一般规定

8.1.1　进行配合比设计之前,必须对旧路性能和旧路材料进行评价,评价内容见本规范6.3和6.5。

8.1.2　在配合比设计中,应充分考虑原路面沥青混合料的配合比和病害特点,有针对性地进行再生混合料的配合比设计。

8.1.3　再生混合料类型宜与原沥青路面混合料类型保持一致。

8.1.4　配合比设计应结合就地热再生设备的实际作业条件,充分考虑施工组织特点与施工的方便性,易于生产、拌和、摊铺与压实。

8.1.5 就地热再生配合比设计方法宜采用马歇尔试验方法，基本流程遵从 JTG F40，鼓励采用更先进和更符合实际情况的设计方法。如采用新方法，使用前应经验证。

8.1.6 就地热再生沥青混合料配合比设计应通过试验段进行检验。

8.2 目标配合比设计

8.2.1 就地热再生沥青混合料的矿料级配范围、再生混合料性能指标宜满足 JTG F40 的相关规定。在此基础上，可依据原路面的病害特征与实际工程需要，对主要技术指标要求进行有针对性的调整。

8.2.2 在高速公路和一级公路的就地热再生工程中，应充分考虑由于原路面车辙深度的变异性，而导致的新料实际掺量的变异性，以及由此带来的再生混合料性能的变异。就地热再生工程中的配合比设计宜参照附录 B 的流程进行。

8.2.3 整形再生沥青混合料配合比设计按照本规范附录 C 的设计方法进行。

8.2.4 复拌再生沥青混合料配合比设计按照本规范附录 D 的设计方法进行。

8.2.5 复拌再生 SMA 沥青混合料配合比设计按照本规范附录 E 的设计方法进行。

8.3 生产配合比验证

8.3.1 就地热再生应经过试验路铺筑对目标配合比设计进行验证，并确定最终的生产配合比。

8.3.2 试验路检验再生沥青混合料性能的项目主要有：再生沥青混合料的级配、马歇尔试验是否满足 JTG F40 规范要求。现场检测项目包括：平整度、渗水系数、压实度等。如果试验路检测结果存在问题，应分析原因，予以修正。

9 就地热再生工程施工

9.1 一般规定

9.1.1 就地热再生正式施工前应进行长度不小于 500m 的试验段施工，以确定设备配置要求和工艺参数。

9.1.2 本规范未规定的技术内容应符合 JTG F40 的相关要求。

9.2 施工组织

9.2.1 就地热再生施工应制订完整的施工技术方案，包括具体的工程量、预期的施工计划、施工工期、就地热再生施工实施方案、交通组织方案等。

9.2.2 施工开始前必须做好各方面的准备工作，确保施工正常进行，包括材料、设备、人员和技术准备。

9.2.3 施工前应做好施工信息的发布，按 JTG H30、高速公路管理部门、公安交通管理部门的要求，根据作业面的长度，提前设置交通管制的各类标志标牌，由专人执勤管制交通，做好交通组织及应急预案。

9.3 原路面预处理

9.3.1 就地热再生施工前，应根据病害调查结果和就地热再生技术的适用性，对就地热再生无法消除的病害进行预处理。可根据病害的类型及面积选择不同的处理方法，如修补、开挖、注浆等；选择处理方法时，在保证施工质量的前提下，应优先考虑非开挖方式，以尽可能减少施工对交通的影响。

9.3.2 当车辙隆起高度超过一定限度时，应分析和现场验证其对加热温度场均匀性的影响。如无法保障加热温度场的均匀性，应对隆起处进行铣刨处理。对于高速公路和一级公路，当车辙隆起高度超过 15mm 时，宜预先铣刨；对于其他等级公路，当隆起高度超过 30mm 时，宜预先铣刨。

9.3.3 对于一般横向裂缝(宽度不大于2mm)可以不进行处理,而对于较宽(大于2mm)或多条集中及出现分岔、边缘沉陷的横向裂缝,则应进行深层预处理,即将上面层和中面层,甚至下面层分层呈阶梯状铣刨后粘贴防裂贴,再用新拌沥青混合料进行分层回填、压实,并恢复到原路高程。

9.3.4 对于深度已超过表面层厚度的坑槽和唧浆处,应采取局部挖除回填的方式对病害进行修补。

9.3.5 施工前采取清扫、冲刷等措施,确保原路面的清洁,清除路面被污染而无法再生的材料。

9.3.6 若原路面存在热熔型标线等影响施工质量的杂物,施工前宜进行清理(或施工中加热后清除),并注意保证原路面的清洁。

9.3.7 若原路面存在对热再生施工有影响的其他障碍物,施工前应将其移除或重新布设。

9.3.8 对原路面存在的无法移除或重新布设的附属设施,应采取合理的措施加以保护,如采用隔热板保护桥梁伸缩缝及道路绿化等。

9.4 铺筑试验段

为确定就地热再生配合比设计,确定就地热再生各施工参数,正式施工前应铺筑试验段,对生产配合比、再生施工工艺、工序控制、施工组织及交通安全等进行检验。就地热再生试验段长度不宜小于500m,试验段施工检验合格后方可进行正式施工。通过铺筑试验段应完成以下工作:

1) 检验再生设备的性能是否满足就地热再生施工需要。
2) 确定加热设备组合、加热时间以及加热温度等工艺参数。
3) 确定再生设备合理施工速度以及摊铺碾压等工序参数。
4) 检验就地热再生生产配合比设计,确定再生剂、热沥青、添加剂以及新沥青混合料的合理用量及其掺加工艺参数。
5) 检验施工组织及交通组织方案的可行性。

9.5 施工工艺

9.5.1 就地热再生包括不同的工艺类型,每种类型的施工工序各有不同,主要对其关键施工工序进行要求。

9.5.2 加热工艺应符合下列要求:

1) 就地热再生工程可采用各种加热原理的就地热再生装备进行,或由不同加热原理的加热机组进行组合施工;鼓励通过技术革新,提高就地热再生设备的加热效率,降低就地热再生施工过程中对原沥青路面沥青造成的二次老化,避免过热和减少污染气体的排放。
2) 应根据路面加热效果配备加热机组,针对特殊材料沥青路面(如SMA、橡胶沥青混合料等)或气温较低时,应进一步增加加热设备数量以提高路面加热效果。
3) 根据试验段施工综合考虑路面材料类型、环境温度等确定加热运行速度、加热设备之间的间距以及加热设备与主机之间的间距,加热过程中应及时根据主机反馈的信息进一步调整运行速度、运行方式以及加热功率等。
4) 加热时必须保证原路面的加热温度和深度,不得因加热温度不足影响施工质量或加热温度过高造成沥青严重老化。
5) 加热宽度应大于再生宽度两侧各200mm。
6) 起点处加热应确保温度达到施工要求,加热机可采用往复多次及低功率、长时间加热的方式进行。

9.5.3 再生剂、沥青添加工艺应符合下列要求:

1) 再生剂、沥青保存在随车携带的储存罐中,道路石油沥青加热温度控制在155℃~160℃,改性沥青控制在160℃~165℃;再生剂可根据产品使用说明选择是否加热以及加热温度。
2) 根据配合比设计确保再生剂和沥青的添加用量,为了保证再生沥青混合料的性能,再生剂、沥青应直接与原路面沥青混合料接触。

3） 应确保再生剂、沥青的喷洒均匀性，其添加量要与施工速度相关联，确保添加均匀性。

9.5.4 路面翻松工艺应符合下列要求：

1） 翻松宽度及深度应按设计要求。

2） 翻松过程中应尽量减少集料破碎，保证无夹层、不翻起下层混合料以及纵向接缝顺直。

3） 施工过程中每200m进行再生深度的检查（采用插尺法），深度波动范围应在±0.5cm之内。

9.5.5 新沥青混合料添加与拌和工艺应符合下列要求：

1） 新沥青混合料的配合比及添加比例应严格按照设计方案执行。

2） 新沥青混合料的出料温度应比正常情况下高10℃～20℃；必须使用具有保温功能的运料车装料运输；在运输过程中应加盖毡布，以防表面混合料降温；运料车在运输途中，不得随意停歇；运料车卸料必须倒净，如发现有剩余的残留物，应及时清除；运料车到达现场后，应对其温度进行检测，要求不得低于摊铺温度要求。

3） 新沥青混合料的现场添加应和主机运行速度以及拌和速度相匹配，保证新料添加量准确，并在施工过程中随时观察新旧料的拌和均匀程度，必要时及时调整施工参数，以确保新旧料拌和均匀。

9.5.6 再生层与下承层之间的层间黏结对再生路面性能有重要影响，因此，为保证层间热黏结，再生混合料摊铺前下承层的顶面温度不宜低于100℃，施工过程中达不到该温度情况下，需对下承层顶面进行额外加热。

9.5.7 摊铺、碾压工艺应符合下列要求：

1） 摊铺、碾压作业宜按照JTG F40的有关规定，针对不同混合料类型、不同施工厚度，选择适宜的摊铺碾压工艺，具体施工参数宜通过试铺路段确定。

2） 摊铺时应保证混合料均匀，不得出现粗糙、拉毛、离析等现象。

3） 摊铺过程中应加强接缝处的控制，纵、横缝必须做到平整、密实、黏结良好、无高差、无离析。

4） 碾压过程中应做到紧跟碾压，为保障压实效果，可根据实际情况适当增加压路机数量。

5） 在路面冷却后，完成路面平整度、构造深度、渗水系数、摩擦系数等功能指数和几何线形的检测，具体的检测标准应符合质量评定标准的具体要求。

9.5.8 开放交通应符合下列要求：

1） 碾压工序结束后，待路表温度降至50℃以下后，方可开放交通。开放交通之前，严禁车辆在成型的路面上通过，以避免对施工后路面的破坏。

2） 标志移除前，必须将作业区内的所有废料、杂物清除干净，不得将废料和垃圾丢弃到边坡、边沟和中间分隔带。

9.6 质量控制

施工过程中各检查项目应符合表6的规定。

表6 就地热再生施工过程中的质量要求

检测项目	频率	标准	检测方法
接缝	随时	紧密平整、顺直、无跳车	目测
路表加热温度	随时	≤250℃	红外线温度计实测
翻松裸露面温度	随时	≥80℃（普通沥青） ≥100℃（改性沥青）	

表6(续)

<table>
<tr><th colspan="2">检 测 项 目</th><th>频　　率</th><th>标　　准</th><th>检 测 方 法</th></tr>
<tr><td colspan="2" rowspan="3">再生层摊铺温度</td><td rowspan="3">随时</td><td>≥120℃(普通沥青混合料)</td><td rowspan="5">红外线温度计实测</td></tr>
<tr><td>≥130℃(改性沥青混合料)</td></tr>
<tr><td>≥135℃(SMA 混合料)</td></tr>
<tr><td colspan="2">摊铺前下承层温度</td><td>随时</td><td>≥100℃</td></tr>
<tr><td colspan="2">碾压终了温度</td><td>随时</td><td>≥85℃</td></tr>
<tr><td colspan="2">加热翻松深度</td><td>每 200m 一处</td><td>设计值 ±0.5cm</td><td>插入法量测</td></tr>
<tr><td colspan="2">加热翻松宽度</td><td>每 200m 一处</td><td>不小于设计宽度</td><td>钢尺丈量</td></tr>
<tr><td colspan="2">再生剂/新沥青添加量</td><td>每天一次</td><td>符合设计要求</td><td>总量法</td></tr>
<tr><td colspan="2">新料添加量</td><td>每天一次</td><td>符合设计要求</td><td>总量法</td></tr>
<tr><td colspan="2">添加剂添加量</td><td>每天一次</td><td>符合设计要求</td><td>总量法</td></tr>
<tr><td colspan="2">再生有效厚度</td><td>每天一次</td><td>大于设计再生深度的 90%</td><td>附录 F</td></tr>
<tr><td colspan="2">压实度</td><td>每天一次</td><td>不小于最大理论密度的 94%</td><td>T 0924</td></tr>
<tr><td rowspan="3">马歇尔试验</td><td>稳定度</td><td rowspan="3">每天一组</td><td rowspan="3">符合混合料设计要求</td><td rowspan="2">T 0709</td></tr>
<tr><td>流值</td></tr>
<tr><td>空隙率</td><td>T 0705</td></tr>
<tr><td colspan="5">注:必要时依据实际情况在施工过程中进行再生沥青混合料取样以进行路用性能试验检测。</td></tr>
</table>

9.7 施工验收标准

就地热再生施工验收项目与频度应按表 7 执行。

表 7　就地热再生施工验收项目与频度

<table>
<tr><th colspan="2">检 查 项 目</th><th>检查频度
(每　侧车行道)</th><th>质量要求或允许偏差</th><th>试 验 方 法</th></tr>
<tr><td colspan="2">外观</td><td>随时</td><td>表面平整密实,不得有明显轮迹、裂缝、推挤、油汀、油包等缺陷,且无明显离析</td><td>目测</td></tr>
<tr><td rowspan="2">路表平整度*</td><td>IRI</td><td>全线连续</td><td>≤2m/km(高速公路、一级公路)
≤4m/km(其他等级公路)</td><td>T 0933</td></tr>
<tr><td>标准差</td><td>全线连续</td><td>≤1.2mm(高速公路、一级公路)
≤2.5mm(其他等级公路)</td><td>T 0932</td></tr>
<tr><td colspan="2">路表渗水系数</td><td>每 1km 不少于 5 处,每处 3 点,取平均值评定</td><td>≤80mL/min (SMA 路面)
≤120mL/min(其他类型路面)</td><td>T 0971</td></tr>
<tr><td rowspan="2">抗滑性能*</td><td>构造深度</td><td>每 1km 不少于 5 点</td><td>≥0.55mm(高速公路、一级公路)</td><td>T 0961/62/63</td></tr>
<tr><td>横向力系数 SFC_{60}</td><td>全线连续</td><td>≥54</td><td>T 0965/67</td></tr>
<tr><td colspan="5">注*:两种测试方法可任选其一。</td></tr>
</table>

附 录 A

（资料性附录）

就地热再生取芯取样位置的确定方法

A.1 一般规定

A.1.1 本方法用于确定就地热再生工程中，在施工分项段落中确定原路面取芯、取样位置。

A.1.2 本方法确定取芯取样方法的依据是路面使用性能分布规律，包括 *RQI*、*RDI*、*SRI*。其流程如图 A.1 所示。

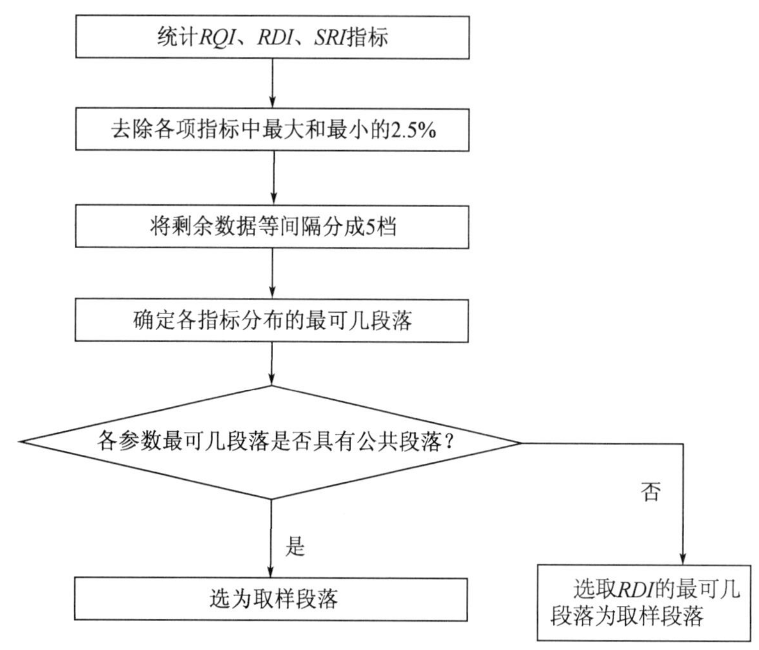

图 A.1 取样位置确定方法

A.2 取芯取样位置的确定方法

A.2.1 统计施工段落每 10m 或 20m 的路面行驶质量指数（*RQI*）、路面车辙深度指数（*RDI*）和路面抗滑性能指数（*SRI*）这三项指标。

A.2.2 为了去除极端值对下一步分档统计的影响，对于高速、一级公路，将第一步中统计的三项指标各自剔除最大和最小的 2.5%，保证有 95% 的施工段落在取样的考虑范围内；对于其他等级公路，剔除最大和最小的 5%，保证有 90% 的施工段落在取样的考虑范围内。

A.2.3 去掉极端值后，将每项指标分为数据间隔相同的 5 档，按每 10m 或 20m 统计三种指数在各档的数量分布情况，将数据分布最多的那一档数据对应的段落进行标记，此档路段为此参数的最可几路段（即出现频率最高的路段）。

A.2.4 如果三个指标的最可几段落具有公共部分，则公共部分可以定为取样段落。如公共段落过多，则选取最长的公共段落作为取样段落。如果三个指标的最可几段落没有公共部分，则选取 *RDI* 最可几段落作为取样段落。

A.2.5 确定取样段落后，根据现场情况，确定具体取芯取样位置，在同一位置，取芯取样时，应覆盖车辙槽和车辙隆起部位。

附 录 B
（资料性附录）
基于车辙深度变异性的就地热再生混合料配合比设计验证流程

B.1 一般规定

B.1.1 本方法适用于高速公路和一级公路的再生沥青混合料配合比设计和性能验证，其他等级公路工程可参考本方法进行。

B.1.2 本方法所规定的设计验证流程是为确保由于原路面车辙深度出现较大波动时，就地热再生混合料的性能仍可满足设计要求而提出的。

B.2 原路面的取样与调查

B.2.1 按照本规范第4章进行现场调查，并根据路面实际状况初步划分施工分项段落。

B.2.2 在同一施工分项段落中，根据每10m或20m的车辙调查结果，计算整个段落的平均车辙深度；同时将占施工分项段落长度2.5%的车辙最大值的段落剔除，也将施工分项段落长度2.5%的车辙最小值的段落去掉，再确定所剩段落内的车辙最大值和最小值，也即在此最大值和最小值范围内包含了95%的施工分项段落长度。

B.3 配合比设计流程

B.3.1 选取有代表性的位置（可参考附录A）进行取芯取样，根据施工段落的平均车辙深度结合经验[可参考式（D.1）]确定新料掺量，并进行配合比设计，确定新料级配及新料油石比。

B.3.2 根据B.2.2所确定的施工分项段落车辙深度的最大值和最小值，确定新料掺量的最大值和最小值，用B.3.1中所确定新料级配和新料油石比，分别按最大新料掺量和最小新料掺量，验证再生沥青混合料的性能。如再生混合料的性能满足要求，则可用于该施工分项段落的就地热再生工程；如不满足，则需对新料配合比进行调整，并再次进行验证。

B.3.3 如经反复调整新料配合比仍不能保证在最大和最小新料掺量下，再生沥青混合料的性能均满足要求，则宜重新进行施工分项段落的划分，或通过添加剂的使用来改善再生混合料的性能。

B.3.4 基于车辙深度变异性的就地热再生混合料配合比设计验证流程可参照图B.1进行。

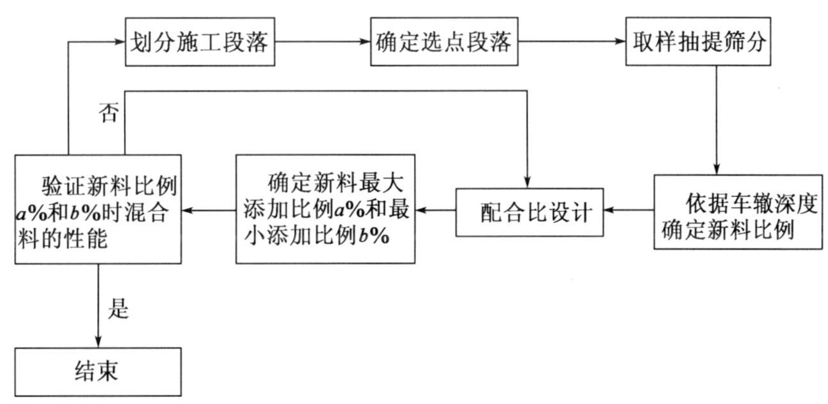

图B.1 基于车辙深度变异性的就地热再生混合料配合比设计流程图

附　录　C
(规范性附录)
整形再生沥青混合料配合比设计

C.1　一般规定

本方法适用于整形再生沥青混合料的配合比设计。

C.2　再生沥青胶结料标号的选定

再生沥青胶结料的标号宜与原沥青混合料所用沥青胶结料标号相同,可以根据气候条件、路面病害类型以及工程实际情况进行有针对性的调整。

C.3　再生剂选择与掺量确定

C.3.1　整形再生沥青混合料不添加新沥青混合料,重点通过再生沥青及再生沥青混合料试验确定合适的再生剂类型及用量。

C.3.2　再生剂的选用原则参见本规范 7.4。

C.3.3　再生剂的掺量可以通过不同掺量下旧沥青性能的恢复情况来确定。根据经验按一定的间隔,取 3 ~ 5 个再生剂用量,将旧沥青与再生剂充分混合均匀后进行相应性能试验,评价指标可以主要为三大指标(针入度、延度、软化点),条件许可时可对其黏度进行测试。

C.3.4　根据初步确定的再生剂用量,在其附近至少取 3 个再生剂用量值,进行再生混合料的马歇尔试验,按照 JTG F40 进行相应的性能验证,并确定再生剂用量。

C.3.5　若再生沥青混合料性能无法满足设计要求,则应调整再生剂用量,或更换再生剂类型重新进行性能验证,并最终完成再生沥青混合料配合比设计。

附 录 D
(规范性附录)
复拌再生沥青混合料配合比设计

D.1 一般规定

本方法适用于密级配沥青路面(包括 AC、AK、Superpave 等)的复拌再生沥青混合料配合比设计。

D.2 再生沥青标号

再生沥青的标号选择与附录 C 方法相同。

D.3 再生剂选用与掺量确定

再生剂的选用与掺量确定与附录 C 方法相同。

D.4 添加剂

D.4.1 经过技术论证及试验研究,可使用添加剂进一步提高再生沥青混合料的性能。

D.4.2 添加剂的选用原则参见本规范 7.5。

D.5 新添加沥青混合料

D.5.1 新沥青混合料添加比例可根据经验获得,在以车辙维修为主要目的的就地热再生工程中,可根据车辙深度,由式(D.1)计算获得。

$$A = 0.0335m^2 + 4.35 + 2.5h \quad (D.1)$$

式中:A——新沥青混合料添加百分率(%);

m——车辙(mm);

h——路面高程提高值(mm),一般取 2mm。

D.5.2 当沥青混合料回收料(RAP)矿料级配和混合料性能符合现行规范要求时,可结合拌和厂的实际运作情况,采用与原级配相同或相似的级配,并进行配合比设计。

D.5.3 如沥青混合料回收料(RAP)矿料级配或混合料性能已不符合现行规范的要求,或根据再生工程实际需要,需对级配进行大幅度调整时,可根据实际情况,采用特殊类型(如间断级配)新沥青混合料级配以进行有针对性的弥补。

D.6 再生混合料最佳沥青用量的确定

D.6.1 再生沥青混合料最佳沥青用量的确定方法与评定标准与 JTG F40 基本保持一致。

D.6.2 再生沥青混合料中的沥青用量包括旧料中的沥青胶结料、再生剂、新料中的沥青胶结料以及改性添加剂的总用量。

D.6.3 新料沥青用量的确定是通过再生沥青混合料的马歇尔试验进行,根据所确定的新料添加比例及依据经验所估算的再生沥青混合料的油石比,根据式(D.2)确定新料的油石比。

$$P_{aN} = \left[P_{估} \times 100 - P_{aO} \times (100 - P_N) \times \left(1 + \frac{P_R}{100}\right)\right] \Big/ P_N \quad (D.2)$$

式中:P_{aN}——新料油石比(%);

$P_{估}$——再生混合料估算的油石比(%);

P_{a0}——旧料的油石比(%);

P_N——新料相对于再生混合料的掺量(%);

P_R——再生剂相对于旧沥青的掺量(%)。

以计算获得的新料油石比为中值,以一定间隔(建议采用0.2% ~0.4%)变化,获取5个或5个以上不同再生沥青混合料油石比进行马歇尔试验,确定再生沥青混合料的最佳油石比和新料油石比。

D.6.4 由于再生沥青混合料性能存在一定的变异性,因此宜适当增加成型试件的数量,原则上,每个配合比的试件数量不少于6个。

D.6.5 新沥青与新料的加热温度按照现行规范执行,并尽量保持在规范规定温度范围的高值,再生剂的加热温度建议采用生产商推荐温度范围的高值,旧料的加热温度宜根据实际工艺情况保持在130℃ ~150℃,旧料加热时间不宜超过2h。

D.6.6 再生沥青混合料的拌和过程应与施工工序保持一致。新沥青混合料先拌和好,并在烘箱中保温,保温温度为160℃ ~180℃,保温时间不超过30min;在拌和锅中先加入预热的旧料,然后加入再生剂,预拌20s ~30s,加入保温的新沥青混合料,搅拌1min ~1.5min。

D.6.7 再生沥青混合料由于组成复杂,因此最大理论密度的计算较难,为方便操作,推荐采用真空法进行实测。如采用计算法时,RAP中矿料的密度可采用燃烧法去除RAP中的沥青胶结料,再进行矿料密度的测试,而不应采用抽提获得的矿料进行密度测试。

D.6.8 依据JTG F40的规定确定再生混合料和新料的最佳油石比。

D.7 配合比设计检验

D.7.1 在完成目标配合比设计后,应按照JTG F40的要求对就地热再生沥青混合料的各项性能进行检验。

D.7.2 在性能检验中,再生沥青混合料的水稳定性应满足现行规范的要求;对于再生沥青混合料的高温和低温性能的要求,宜根据原路面的病害情况进行适当调整。

D.7.3 新沥青混合料拌和性能检验,应根据所确定的新沥青混合料配合比进行拌和性能检验,主要检验新沥青混合料的均匀性和保油性。均匀性主要通过观察,避免新沥青混合料在拌合过程中出现明显的离析(在使用间断级配时易出现),否则宜对新沥青混合料级配进行调整。保油性主要通过析漏试验确定,新沥青混合料应满足析漏小于0.1%的要求,否则应对新沥青的添加方式进行调整,部分新沥青应通过再生机组在施工现场进行添加,或通过在新沥青混合料中添加木质素纤维来减少析漏。

D.7.4 对于高速公路和一级公路,宜根据附录B对不同车辙深度情况下再生混合料性能进行检验。

附 录 E
（规范性附录）
复拌再生 SMA 沥青混合料配合比设计

E.1 一般规定

E.1.1 本方法适用于复拌就地热再生 SMA 沥青混合料的配合比设计。

E.1.2 SMA 沥青混合料再生后宜保持混合料类型不变，恢复其原有的骨架结构。当无法完全恢复其骨架结构时，允许调整再生后的混合料类型与原设计不一致，但是，再生后的混合料路用性能应经过试验验证，其性能不能低于原 SMA 路面的性能要求。

E.1.3 除本方法另有规定外，应遵照附录 D 复拌再生普通沥青混合料配合比设计方法的规定执行。

E.2 纤维稳定剂的选择

E.2.1 当原路面出现因油石比过大而导致的泛油病害时，宜在新料中添加适量木质素纤维，纤维稳定剂的选用原则参见本规范 7.5。

E.2.2 纤维宜通过新料最终添加到再生沥青混合料中，新料中纤维掺量不宜过大，以免影响拌和均匀性，新料中纤维掺量宜控制在新料矿料用量的 0.3% ~1%。

E.3 新沥青混合料级配的确定

E.3.1 对比 SMA 路面沥青混合料回收料（RAP）矿料级配与规范中的 SMA 级配范围的要求，以确定原路面级配的细化程度，重点观察 4.75mm 通过百分率。

E.3.2 当沥青混合料回收料（RAP）矿料级配细化不明显时，可选择接近现行规范中的 SMA 级配的中值作为新料的级配；当 RAP 矿料级配出现明显细化时，宜采用间断级配作为新料的级配，新料可主要由 4.75mm ~13.2mm 的颗粒，以及矿粉组成，为提高拌和的均匀性、减少离析，少量添加小于 2.36mm 的颗粒。

E.3.3 针对 RAP 矿料级配的细化程度，可拟定 3 组不同的新料级配，并根据确定的新料添加比例，合成再生混合料矿料级配，再生混合料的油石比依据经验确定；检验再生混合料是否符合 $VCA_{mix} < VCA_{DRC}$ 及现行规范中 VMA 的要求，选取符合要求的一组新料级配作为设计级配；如 3 组新料级配均不满足 $VCA_{mix} < VCA_{DRC}$ 时，可选择 VCA_{mix} 最接近 VCA_{DRC} 的一组。

E.4 最佳油石比的确定

E.4.1 采用马歇尔设计方法按 JTG F40 的要求确定最佳油石比。

E.4.2 SMA 再生沥青混合料马歇尔试件制作，旧料的加热温度控制在 140℃ ~160℃，加热时间不超过 2h，试件成型采用双面击实 75 次，拌和顺序同 D.6.6。

E.4.3 SMA 再生沥青混合料的密度测试参照 D.6.7。

E.5 再生混合料的性能检验

E.5.1 对再生 SMA 混合料各项性能的检验要求同附录 D 中的 D.7。

E.5.2 对再生 SMA 混合料可根据需要增加表面构造深度和渗水系数的检测。

附　录　F
（资料性附录）
就地热再生有效厚度的测试方法

F.1　一般规定

本方法适用于就地热再生工程中的再生有效厚度的测试。

F.2　就地热再生有效厚度的测试

F.2.1　在沥青路面就地热再生施工过程中，在铣刨之后摊铺之前任选一处路面，将水泥均匀撒布在铣刨之后的路面上，面积约 30cm×30cm，撒布中心点距离铣刨边缘 50cm，水泥撒布量 500g～800g，并在路边做好标记。

F.2.2　待标记处碾压结束，路面温度降低到 50℃后，用路面取芯钻机在撒布中心点钻孔取芯，并将再生层与下承层分离。

F.2.3　采用游标卡尺，测量芯样的直径 d，精确到 0.1mm。

F.2.4　将芯样放置在盛有 25℃水的静水天平中，称量其水中质量 m_1，精确到 0.1g，取出芯样后，用拧干的湿毛巾轻轻擦拭试件表面的水分（不得吸收空隙中水分），测量其饱和面干质量 m_2，精确到 0.1g。

F.2.5　按式（F.1）计算再生有效厚度 h。

$$h = 4(m_2 - m_1)/(\rho_w \cdot \pi d^2) \tag{F.1}$$

式中：ρ_w——25℃时水的密度，取 0.997 1g/cm^3。

附　件
（条文说明）

3　术语和定义

3.3　按照美国沥青再生协会定义的整形再生只掺加再生剂而不掺加新集料和新沥青，不调整原路面级配，再生后的混合料性能一般不够理想，在国内外很少使用。本规范保留了整形再生的常规定义，但是，针对我国目前的实际路面情况，将加铺再生又分为整形加铺和复拌加铺，整形加铺是仅对原路面进行整形再生，不在原路面中添加新料。复拌加铺是在对原路面进行复拌再生的基础上，再在表面进行加铺，这有利于调整原路面的性能。加铺再生可以利用就地热再生机组的双层摊铺系统实现，也可在就地热再生机组后面紧跟额外配置的摊铺机实现。加铺再生中，必须实现再生层和加铺层一起碾压成型，以保证层间的热黏结状态；新沥青混合料的设计应根据工程需要按照现行 JTG F40 进行。

5　就地热再生技术适用条件

5.2　沥青路面能否进行再生不仅取决于路面结构与材料本身的性能，还取决于所用新材料的类型和用量、再生沥青混合料配合比设计、再生工艺与设备，以及病害的预处理效果，因此，当经过合理方案论证，再生沥青路面及混合料性能能够满足使用要求时，就地热再生技术的实施可不局限于表 2 的路面病害形式。

5.3　当就地热再生受制于外部客观因素时，可以采取合理的辅助措施克服外部客观因素以辅助就地热再生技术的实施，但必须经过充分的方案论证与试验路验证；尤其是在环境温度较低或风速较大的天气进行施工时，应及时调整设备组合、加热功率、行走速度，以保证就地热再生过程中的各个环节的温度要求，同时应加强对新料温度及运输保温的控制。

6　就地热再生工程原路面调查

6.3.2　即使路面没有出现严重病害状况，出于预防性养护需求以及路表功能需要，也可以采用就地热再生技术对路表功能进行恢复。

6.3.3　由于车辙病害不仅影响路表使用功能，同时可以反映整个沥青层的结构稳定性，且车辙变形量是影响就地热再生适用性、就地热再生工艺选择以及就地热再生新沥青混合料掺配比的重要因素，因此应注重对车辙病害的详细调查与成因分析。

6.4.1　为保障就地热再生的施工连续性和路表的完整性，就地热再生的施工段落宜连续，尽可能减少不必要的间断。当一个施工段落中，出现明显不同的路面状况时，可细分为不同的施工段落，并对再生混合料的配合比设计和就地热再生的施工控制进行调整。施工分项段落的划分是为进一步明确就地热再生工程质量控制的针对性，减少工程的盲目性。

6.4.3　施工分项段落的划分可依据路况资料的调查、路面病害的现场调查、再生混合料的配合比设计、施工组织设计等不同阶段进行组织。

6.5.3　对原路面的取芯和取样分析，是原路面病害成因分析和就地热再生配合比设计的重要基础，但不作为唯一因素，就地热再生工程的质量控制重点是再生混合料的性能评价和施工过程中的质量控制。

取芯取样具有代表性是就地热再生配合比设计的关键，由于原路面施工的变异性、路面病害发生的偶然性，以及路面在使用过程中的性能变化等，造成很难获取一个能够完全代表整个路段材料性能的样品；而取芯取样数量的增加，不仅对原路面造成了一定的损害，同时大幅度增加了检测、配合比设计和施工组织的复杂性。因此，在取芯取样位置和数量上应综合考虑各种因素。本规范附录A推荐了一种基于最可几段落的取芯取样方法，是选取路面性能最具代表性的路段作为取芯取样段落。

6.5.5　用于抽提回收的取样，应尽可能保证原路面的级配和沥青老化程度，因此禁止采用冷铣刨、钻芯的方式进行取样；为进一步反映就地热再生过程中对原路面材料产生的影响，可模拟就地热再生的加热和热铣刨过程进行取样。取样时应注意取样深度与就地热再生的设计深度一致，特别是在车辙较深的部位取样时，应考虑到就地热再生时对车辙的预处理。

6.5.6　抽提回收设备和控制参数对回收的老化沥青的性能影响很大，抽提回收中三氯乙烯和矿粉的残留都将显著改变回收沥青的性能。因此，必须对抽提回收设备和控制参数进行准确性和可行性验证，特别是对SBS改性沥青的抽提回收。

验证方法可采用试验室人工老化沥青，并测试沥青的基本性能，然后按1:1的粉胶比添加矿粉，并进行抽提回收，测试回收沥青的性能，用以判断抽提回收设备和控制参数的准确性和可行性。

7　就地热再生工程的原材料要求

7.2　在高等级道路中，表面层多使用了改性沥青，就地热再生时，新沥青也宜采用改性沥青，为避免新料温度下降导致改性沥青混合料出现结团现象，应加强运料车的保温。

7.4.1　再生剂中挥发性有机物或污染物的含量应较低，以使施工期间挥发损失最小，且减少环境污染。

7.4.3　美国、英国、日本等众多国家均提出了再生剂的质量标准，我国JTG F41参照国外再生剂标准，也制定了相应的再生剂质量要求，但是目前再生剂产品众多，现有的再生剂质量要求并不能有效地评价对比再生剂的优劣，且各国对此也没有统一的评判标准。因此，选择再生剂时，应以改善老化沥青和沥青混合料的性能为原则，再生剂本身的性能作为参考，应根据原路面沥青混合料中的沥青标号、老化程度、沥青含量，再生剂与沥青的配伍性、对老化沥青性能的改善，原路面沥青混合料掺配比例以及再生沥青混合料的性能需求，综合选择再生品种与掺配比例。

在再生剂再生效果评价和掺量确定中，不必过分追求再生沥青胶结料的性能与原样沥青相同，而应以再生混合料的性能为重点进行评价。对再生沥青胶结料的性能定位，应充分考虑旧路的病害特征和对再生路面的性能需求，例如，原路面车辙病害严重时，从改善再生路面高温稳定性角度出发，再生剂在恢复老化沥青基本性能的同时，应尽量保障再生沥青及再生沥青混合料的高温稳定性。

在再生剂评价中，在有条件的情况下，可采用旋转薄膜烘箱对再生沥青的短期老化性能进行检测，以评价再生剂的抗老化性能。

7.6.2　用于复拌的新添加混合料，主要是用于对原路面混合料性能的调整，因此应根据原路面的级配、油石比、病害以及再生后路面的性能需求进行设计，此情况下，其混合料的级配与油石比会与常用的沥青混合料有明显差异，因此新添加混合料的性能并不作为独立的一项检测内容，而重点是评价再生混合料的性能。

7.6.3　当原路面的油石比较低，需要大量补充沥青时，可通过就地热再生机组在现场添加沥青，从而避免新添加混合料的油石比过大，导致沥青析出。

8　就地热再生沥青混合料的配合比设计

8.1.6　原路面沥青混合料的室内再生试验与就地热再生现场施工有很大的区别，不同的路面状况、不同的再生设备以及不同的再生工艺又加剧了再生的差异。因此,就地热再生沥青混合料的性能必须经试验路检验。

8.2.1 江苏省属于东南湿热区,沥青路面当前的主要病害以高温车辙病害为主,低温开裂病害并不常见。因此,针对再生沥青及混合料的性能评价,宜适当提高高温性能要求,可适当降低低温性能要求。

8.3.1 就地热再生是在现场的连续式施工,没有生产配合比设计阶段。

9 就地热再生工程施工

9.1.1 施工过程中应尽可能减少对原路面沥青混合料性能的影响,加热过程应尽量避免旧沥青的进一步老化,翻松过程应尽量避免旧矿料的破碎,以确保原路面材料可以得到最大限度的循环再用。

附录 B(资料性附录) 基于车辙深度变异性的就地热再生混合料配合比设计验证流程

B.2.2 去除部分车辙深度的极值,是考虑到实际路面车辙的变异性和就地热再生施工的可行性而进行的简化处理,该方法保证了 95% 的路段范围内的再生混合料都处于可控状态,可满足高等级道路的质量控制要求。

B.3.3 对于一些特殊工程,如经对新料配合比进行反复调整,仍不能保证在最大和最小新料掺量下,再生沥青混合料的性能均满足要求;则表明此路段的车辙深度波动较大,或者原路面混合料对新料的掺量较敏感,也即在此路段范围内不可能用一个新料配合比进行施工,因此需要对施工分项段落重新进行划分,或通过使用添加剂来提高再生混合料配合比的适应性。

附录 C(规范性附录) 整形再生沥青混合料配合比设计

C.3.3 再生剂对老化沥青的各个指标的恢复程度有明显不同,针入度和软化点较易恢复,而延度较难恢复,而软化点的过度降低,并不利于再生混合料的高温性能,因此在确定再生剂掺量时,不必过分追求所有指标均与新沥青指标相同,这往往易造成再生剂用量过大。

C.3.5 在整形再生中,如旧路面的油石比较低,除添加再生剂外,宜可添加部分新沥青。

附录 D(规范性附录) 复拌再生沥青混合料配合比设计

D.1 本设计方法适用于普通密级配沥青路面的复拌再生沥青混合料的配合比设计,包括使用基质沥青和改性沥青的普通密级配沥青混合料,使用橡胶沥青的沥青混合料如需进行就地热再生,可参考本方法,但由于橡胶沥青的黏度较大,因此施工控制温度要提高,需经过前期的试验验证和试验路试铺,方可实施。

D.5.1 新料添加量,主要考虑填补车辙槽、再生后路面压实度提高、再生后路面高程有微量提高,这三部分所需的新料总量。

D.6.6 再生混合料的最大理论密度测试是一项复杂的工作,根据 JTG F40 的规定,对于难以分散的混合料,应用计算法获得最大理论密度而不宜采用真空法实测;但由于旧沥青混合料中集料与沥青已经长时间浸渍,因此难以获得准确的集料密度和沥青密度,因此为方便实际工程操作,本规范推荐采用真空法实测获得再生混合料的最大理论密度;实测中应注意加强对混合料的分散。

D.7.2　针对江苏省的实际，就地热再生工程多用于车辙维修，因此再生后对路面的抗车辙性能要求较高，在再生混合料设计和性能检验中，可适当提高对混合料抗车辙性能的要求；而根据江苏省的气候特点，对就地热再生混合料的低温性能要求不宜过高。
